The Star of Hope And Other Bilingual Spanish-English Christmas Stories for Kids

Pomme Bilingual

Published by Pomme Bilingual, 2024.

While every precaution has been taken in the preparation of this book, the publisher assumes no responsibility for errors or omissions, or for damages resulting from the use of the information contained herein.

THE STAR OF HOPE AND OTHER BILINGUAL SPANISH-ENGLISH CHRISTMAS STORIES FOR KIDS

First edition. November 2, 2024.

Copyright © 2024 Pomme Bilingual.

ISBN: 979-8227629920

Written by Pomme Bilingual.

Table of Contents

El Burrito de Navidad 1

The Christmas Donkey 5

Los Tres Reyes Perdidos 9

The Three Lost Kings 13

El Milagro de Pepita 17

Pepita's Miracle 21

El Ratón del Muérdago 25

The Mistletoe Mouse 29

Las Campanas de Navidad 33

The Christmas Bells 37

El Niño y la Estrella 41

The Boy and the Star 45

Luz y el Festival de las Posadas 49

Luz and the Festival of Las Posadas 53

La Gran Carrera de Los Reyes 57

The Great Kings' Race 61

La Estrella de Esperanza 65

The Star of Hope 69

El Burrito de Navidad

Había una vez en un pequeño pueblo mexicano, un burrito travieso llamado Pancho. Pancho era famoso en el pueblo, no solo por su gran apetito, sino porque siempre causaba algún problema cada Navidad. Todos los años, sin falta, hacía de las suyas: mordía las piñatas antes de que los niños pudieran romperlas, metía la nariz en las ollas de ponche, o se escapaba con los adornos de la iglesia. Aunque sus intenciones nunca eran malas, su curiosidad y travesuras le ganaban regaños y miradas desaprobadoras de los vecinos.

Este año, sin embargo, Pancho tenía un plan: ¡quería portarse bien! Se había dado cuenta de que, aunque todos lo querían, también estaban un poco cansados de sus travesuras. Así que, desde principios de diciembre, decidió ser el burro más tranquilo y bien portado de todo el pueblo.

A medida que pasaban los días, Pancho observaba con atención todas las preparaciones navideñas del pueblo. Escuchaba a los niños practicando sus canciones para Las Posadas y veía a las familias preparando farolitos y decorando sus hogares. Aunque le costaba trabajo quedarse quieto, Pancho se contenía cada vez que veía una piñata o un plato de tamales sin vigilancia.

Finalmente, llegó el día de la primera Posada. En el pueblo, Las Posadas eran una tradición importante. Durante nueve días, las familias recreaban el peregrinaje de María y José, pidiendo posada de casa en casa, acompañados por cantos, velas y mucha alegría. Pancho estaba emocionado, ya que era la primera vez que podía participar sin causar problemas.

La noche estaba fresca, y el cielo lleno de estrellas. Todos los habitantes del pueblo estaban listos para comenzar el recorrido. Pancho observaba desde la distancia, pero cuando los niños lo vieron, gritaron de alegría y le pidieron que se uniera a la procesión. Aunque al principio estaba un poco nervioso, Pancho se acercó, moviendo sus orejas y su cola con emoción.

Mientras caminaban y cantaban, algo inesperado ocurrió. La procesión iba a pasar por una calle empedrada y oscura cuando, de repente, ¡las velas se apagaron por el viento! Todos estaban asustados y no sabían qué hacer. Fue entonces cuando Pancho tuvo una idea. Con un rebuzno decidido, se adelantó al grupo y comenzó a guiar a todos con cuidado, iluminado por la débil luz de las estrellas. Sus pasos firmes y seguros hicieron que todos se sintieran tranquilos y seguros.

Pancho llevó al grupo hasta la casa que ofrecía la posada de esa noche. Al llegar, todos lo aplaudieron y le dieron las gracias por su valentía y su ayuda. Los niños lo abrazaron, y algunos de los adultos le dieron zanahorias y un poco de ponche como agradecimiento. Pancho estaba tan feliz y emocionado que incluso se olvidó de ser travieso.

Esa noche, el burrito Pancho entendió el verdadero espíritu de la Navidad. No se trataba solo de fiestas y comida, sino de ayudar a los demás y ser parte de la comunidad. Y así, Pancho se convirtió en el héroe de la noche, uniendo al pueblo con su pequeño pero importante gesto.

Desde entonces, cada Navidad, Pancho fue invitado a todas las Posadas y se le celebraba como un miembro especial de la comunidad. Los niños lo querían aún más, y los adultos lo miraban con orgullo, sabiendo que, en el corazón de ese travieso burrito, había un espíritu de Navidad tan grande como el mismo pueblo.

The Christmas Donkey

Once upon a time, in a small Mexican village, there lived a mischievous little donkey named Pancho. Pancho was famous in the village not only for his big appetite but also because he always caused some kind of trouble every Christmas. Year after year, without fail, he would pull his antics: he would bite the piñatas before the children could break them, stick his nose into the pots of punch, or run off with the church decorations. Although his intentions were never bad, his curiosity and mischief earned him scoldings and disapproving looks from the neighbors.

This year, however, Pancho had a plan: he wanted to behave! He realized that, although everyone loved him, they were also a little tired of his antics. So, from the beginning of December, he decided to be the calmest and best-behaved donkey in the whole village.

As the days passed, Pancho watched closely all the Christmas preparations in the village. He listened to the children practicing their songs for Las Posadas and saw families making lanterns and decorating their homes. Although it was hard for him to stay still, Pancho restrained himself every time he spotted an unattended piñata or a plate of tamales.

Finally, the day of the first Posada arrived. In the village, Las Posadas were an important tradition. For nine days, families reenacted the pilgrimage of Mary and Joseph, asking for shelter from house to house, accompanied by songs, candles, and much joy. Pancho was excited, as it was the first time he could participate without causing trouble.

The night was cool, and the sky was filled with stars. All the villagers were ready to begin the procession. Pancho watched from a distance, but when the children saw him, they shouted with joy and asked him to join the procession. Although he was a bit nervous at first, Pancho approached, moving his ears and tail with excitement.

As they walked and sang, something unexpected happened. The procession was about to pass through a dark cobblestone street when, suddenly, the candles were blown out by the wind! Everyone was scared and didn't know what to do. That's when Pancho had an idea. With a determined bray, he stepped forward and began to guide everyone carefully, illuminated by the faint light of the stars. His firm and steady steps made everyone feel calm and safe.

Pancho led the group to the house that was offering the posada that night. Upon arrival, everyone applauded him and thanked him for his bravery and help. The children hugged him, and some of the adults gave him carrots and a little punch as a token of gratitude. Pancho was so happy and excited that he even forgot to be mischievous.

That night, the little donkey Pancho understood the true spirit of Christmas. It wasn't just about parties and food; it was about helping others and being part of the community. And so, Pancho became the hero of the night, uniting the village with his small but important gesture.

From then on, every Christmas, Pancho was invited to all the Posadas and was celebrated as a special member of the community. The children loved him even more, and the adults looked at him with pride, knowing that in the heart of that mischievous donkey, there was a Christmas spirit as big as the village itself.

Los Tres Reyes Perdidos

En un pueblo mexicano lleno de color y alegría, los niños esperaban con ansias el Día de Reyes. Era la noche del 5 de enero, y cada niño había dejado sus zapatos junto a la puerta, esperando que los Reyes Magos, Gaspar, Melchor y Baltasar, les trajeran regalos.

Pero esa noche, algo inesperado sucedió. En su camino al pueblo, los tres Reyes Magos tuvieron un pequeño percance. Primero, un viento fuerte separó a los camellos, y luego, en la confusión, se les extraviaron los regalos que llevaban para los niños. Para empeorar las cosas, Gaspar, Melchor y Baltasar se perdieron en el campo oscuro sin saber en qué dirección ir.

Gaspar, que siempre había sido el más optimista, dijo: "No hay problema. Encontraremos el camino. ¡Somos los Reyes Magos, después de todo!". Pero después de un rato, incluso él estaba un poco preocupado.

Mientras tanto, en el pueblo, un grupo de niños aún no se había ido a dormir. Tenían tantas ganas de ver a los Reyes que decidieron quedarse despiertos hasta que llegaran. De repente, uno de los niños, Lupita, miró hacia el horizonte y vio unas luces parpadeando. "¡Miren! ¡Allá, en el campo! ¡Podrían ser los Reyes Magos!" gritó emocionada.

Sin pensarlo dos veces, Lupita y sus amigos, Paco, Juanito y Carla, tomaron sus linternas y decidieron ir a investigar.

Caminaron entre los árboles y por los caminos polvorientos, guiándose por las luces. Y, efectivamente, ahí estaban los tres Reyes Magos, con caras de sorpresa y un poco de confusión.

"¡Reyes Magos!" gritó Paco. "¿Qué hacen aquí? ¡El pueblo está para el otro lado!"

Melchor, rascándose la cabeza, respondió: "Nos perdimos, y nuestros camellos también se fueron por otro lado. No tenemos idea de cómo llegar."

Los niños, con una gran sonrisa, les dijeron: "¡No se preocupen! ¡Nosotros les ayudamos! Conocemos todos los caminos del pueblo. Además, seguro que sus camellos no están muy lejos."

Los niños y los Reyes comenzaron a caminar juntos. Fue una aventura llena de risas y bromas, pues los Reyes, aunque sabios, eran también un poco torpes. Baltasar tropezó varias veces con piedras, y Gaspar perdió su corona en un charco de lodo, lo que hizo que los niños soltaran grandes carcajadas.

De pronto, Carla vio algo moverse en la distancia. "¡Miren! ¡Son sus camellos!" Los tres camellos estaban pacientemente comiendo unas ramas junto a un cactus, como si nada hubiera pasado. Los Reyes recuperaron sus monturas, y todos respiraron aliviados. Pero faltaba una cosa importante: ¡los regalos!

"¿Qué haremos sin los regalos?" preguntó Melchor, preocupado. "Los niños del pueblo estarán tristes."

Lupita sonrió y dijo: "No importa, Reyes Magos. Lo que realmente nos hace felices es estar con ustedes y celebrar juntos."

Los demás niños asintieron, y Gaspar, conmovido, prometió que harían algo especial.

Al llegar al pueblo, los Reyes Magos organizaron una gran celebración con todos los niños y familias. Los vecinos compartieron tamales, champurrado y, por supuesto, la Rosca de Reyes. En lugar de recibir regalos, esa noche todos compartieron historias y risas bajo las estrellas.

Los niños comprendieron que la verdadera magia de los Reyes no estaba en los juguetes, sino en la amistad, la familia y el tiempo juntos. Esa fue, sin duda, la mejor noche de Reyes que habían tenido. Desde ese año, los niños del pueblo recordaron la noche en que los Reyes Magos se perdieron, pero encontraron algo mucho más valioso: la calidez y unión de su comunidad.

Y así, cada año, cuando los niños miraban sus zapatos junto a la puerta, sabían que no solo esperaban regalos, sino el amor y la alegría que los Reyes Magos traían consigo, aun cuando se perdieran por el camino.

The Three Lost Kings

In a colorful and joyful Mexican village, the children eagerly awaited Día de Reyes (Three Kings' Day). It was the night of January 5th, and every child had left their shoes by the door, hoping that the Three Wise Men—Gaspar, Melchor, and Baltasar—would bring them gifts.

But that night, something unexpected happened. On their way to the village, the three kings encountered a little mishap. First, a strong wind separated the camels, and then, in the confusion, they lost the gifts they were carrying for the children. To make matters worse, Gaspar, Melchor, and Baltasar found themselves lost in the dark countryside, unsure of which direction to take.

Gaspar, who had always been the most optimistic, said, "No problem. We'll find our way. After all, we are the Wise Men!" But after a while, even he began to feel a bit worried.

Meanwhile, in the village, a group of children had not yet gone to sleep. They were so eager to see the Kings that they decided to stay awake until they arrived. Suddenly, one of the children, Lupita, looked toward the horizon and saw some flickering lights. "Look! Over there in the fields! It could be the Wise Men!" she shouted excitedly.

Without a second thought, Lupita and her friends—Paco, Juanito, and Carla—grabbed their flashlights and decided to investigate. They walked among the trees and along dusty paths, following the lights. And sure enough, there were the three Wise Men, with surprised and somewhat confused expressions on their faces.

"Wise Men!" shouted Paco. "What are you doing here? The village is the other way!"

Melchor, scratching his head, replied, "We got lost, and our camels went off in another direction. We have no idea how to get back."

The children, with big smiles, said, "Don't worry! We'll help you! We know all the paths in the village. Besides, I'm sure your camels aren't too far away."

The children and the Kings began to walk together. It was an adventure full of laughter and jokes, as the Kings, although wise, were also a bit clumsy. Baltasar stumbled several times over stones, and Gaspar lost his crown in a puddle of mud, which made the children burst into laughter.

Suddenly, Carla saw something moving in the distance. "Look! It's your camels!" The three camels were patiently munching on some branches next to a cactus, as if nothing had happened. The Kings retrieved their saddles, and everyone breathed a sigh of relief. But one important thing was still missing: the gifts!

"What will we do without the gifts?" asked Melchor, worried. "The children in the village will be sad."

Lupita smiled and said, "It doesn't matter, Wise Men. What truly makes us happy is being with you and celebrating together." The other children nodded in agreement, and Gaspar, moved by their words, promised they would do something special.

Upon arriving in the village, the Wise Men organized a grand celebration with all the children and families. The neighbors shared tamales, champurrado, and of course, Rosca de Reyes (King's Cake). Instead of receiving gifts, that night everyone shared stories and laughter under the stars.

The children understood that the true magic of the Kings was not in the toys, but in friendship, family, and the time spent together. That was undoubtedly the best Three Kings' night they had ever had. From that year on, the children of the village remembered the night the Wise Men got lost but found something much more valuable: the warmth and unity of their community.

And so, each year, when the children looked at their shoes by the door, they knew they were not only waiting for gifts but for the love and joy that the Wise Men brought with them, even when they got lost along the way.

El Milagro de Pepita

En un pequeño pueblo de México, vivía una niña llamada Pepita con su abuelita. Aunque su hogar era modesto y no tenían mucho dinero, la abuela de Pepita siempre hacía lo posible por hacer que la Navidad fuera especial. Cada año, cuando se acercaba la Nochebuena, Pepita soñaba con un árbol de Navidad gigante, como los que veía en las ciudades en las postales.

"¡Ojalá tuviéramos un árbol enorme, abuelita!", decía Pepita con ojos brillantes. "¡Uno lleno de luces y adornos!"

La abuela sonreía y le acariciaba el cabello. "Querida Pepita, no necesitamos un árbol grande para tener una Navidad mágica. Lo que realmente importa es el amor que compartimos y cómo celebramos juntos."

A pesar de las limitaciones, Pepita y su abuela se dedicaron a hacer decoraciones en casa. Usaban papel de colores, semillas y hasta algunas flores secas. Pepita cortaba estrellas y campanas de papel, mientras su abuela tejía guirnaldas con ramitas y hojas. Juntas, creaban un ambiente alegre en su hogar.

Cuando llegó la víspera de Navidad, Pepita estaba emocionada. Habían preparado una pequeña nacida con figuras de barro que su abuela había hecho cuando era joven. Pero lo que Pepita más deseaba era un árbol. Esa noche, mientras su abuelita preparaba el ponche y unos deliciosos buñuelos, Pepita salió al patio. Se sentó en la tierra fría y miró las estrellas.

"¿Por qué no tengo un árbol de Navidad como los demás?" murmuró para sí misma, sintiendo un pequeño nudo en el estómago. "Me gustaría que un milagro ocurriera."

De repente, un ligero viento sopló, y Pepita vio algo en la esquina de su jardín. Se levantó y fue a investigar. Para su sorpresa, encontró un pequeño pino, no más alto que ella. Era un árbol sencillo, pero cuando Pepita lo tocó, sintió que había algo especial en él.

"¡Abuelita! ¡Mira!" llamó Pepita mientras arrastraba el pino hacia la puerta. La abuela se asomó y su rostro se iluminó con una gran sonrisa. "¡Es perfecto, mi niña! ¡Lo decoraremos juntos!"

Pasaron la tarde decorando el pequeño árbol. Colocaron las estrellas de papel, las guirnaldas de ramitas y hasta un par de las figuras de barro que habían hecho. Cuando la noche cayó, el árbol brillaba con la luz de las velas que habían puesto alrededor de la sala.

"Es hermoso, abuelita," dijo Pepita con lágrimas en los ojos. "¡Es el mejor árbol del mundo!"

A medida que la Nochebuena avanzaba, una calma mágica llenó el aire. Pepita y su abuelita compartieron risas, historias y el delicioso ponche. Cuando llegó la medianoche, Pepita cerró los ojos y deseó con todas sus fuerzas que el espíritu de la Navidad llenara su hogar.

Al abrir los ojos, la sala parecía diferente. Las decoraciones brillaban con un fulgor especial, y el pequeño árbol resplandecía como nunca antes. La luz danzaba en las paredes, y Pepita sintió que su corazón se llenaba de alegría.

"Abuelita, ¡mira! ¡Es un milagro!" exclamó Pepita.

La abuela sonrió y le dio un abrazo. "Este es el verdadero espíritu de la Navidad, querida. No se trata de lo grande o lo costoso, sino de la bondad que compartimos y los momentos que vivimos juntos."

Pepita's Miracle

In a small village in Mexico, there lived a girl named Pepita with her grandmother. Although their home was modest and they didn't have much money, Pepita's grandmother always did her best to make Christmas special. Every year, as Christmas Eve approached, Pepita dreamed of having a giant Christmas tree, like the ones she saw in the cities on postcards.

"I wish we had a huge tree, Grandma!" Pepita would say with sparkling eyes. "One filled with lights and ornaments!"

Her grandmother would smile and gently stroke her hair. "Dear Pepita, we don't need a big tree to have a magical Christmas. What really matters is the love we share and how we celebrate together."

Despite their limitations, Pepita and her grandmother dedicated themselves to making decorations at home. They used colorful paper, seeds, and even some dried flowers. Pepita cut out stars and bells from paper, while her grandmother wove garlands from twigs and leaves. Together, they created a joyful atmosphere in their home.

When Christmas Eve arrived, Pepita was excited. They had prepared a small nacida (nativity scene) with clay figures that her grandmother had made when she was young. But what Pepita wanted most was a tree. That night, while her grandmother prepared the punch and some delicious buñuelos, Pepita went out to the yard. She sat on the cold ground and looked up at the stars.

"Why don't I have a Christmas tree like everyone else?" she murmured to herself, feeling a small knot in her stomach. "I wish a miracle would happen."

Suddenly, a gentle breeze blew, and Pepita saw something in the corner of her garden. She got up to investigate. To her surprise, she found a small pine tree, no taller than she was. It was a simple tree, but when Pepita touched it, she felt that there was something special about it.

"Grandma! Look!" called Pepita as she dragged the pine toward the door. Her grandmother peeked out and her face lit up with a big smile. "It's perfect, my dear! Let's decorate it together!"

They spent the afternoon decorating the little tree. They placed the paper stars, the twig garlands, and even a couple of the clay figures they had made. When night fell, the tree shone with the light of the candles they had placed around the room.

"It's beautiful, Grandma," said Pepita, with tears in her eyes. "It's the best tree in the world!"

As Christmas Eve progressed, a magical calm filled the air. Pepita and her grandmother shared laughter, stories, and the delicious punch. When midnight arrived, Pepita closed her eyes and wished with all her heart that the spirit of Christmas would fill their home.

When she opened her eyes, the room seemed different. The decorations shimmered with a special glow, and the little tree sparkled like never before. The light danced on the walls, and Pepita felt her heart fill with joy.

"Grandma, look! It's a miracle!" exclaimed Pepita.

Her grandmother smiled and hugged her tightly. "This is the true spirit of Christmas, dear. It's not about how big or expensive things are, but about the kindness we share and the moments we live together."

El Ratón del Muérdago

En un pequeño pueblo mexicano, dentro de la iglesia, vivía un ratón astuto y juguetón llamado Benito. Benito no era un ratón común; era un experto en escabullirse entre las mesas durante las festividades navideñas para robar un poco de comida. Los villagers solían hacer grandes banquetes para celebrar, y Benito siempre estaba listo para disfrutar de un festín.

Cada año, la iglesia se llenaba de alegría y luces brillantes, y Benito esperaba ansiosamente la Pastorela, la famosa obra de teatro navideña que representaban los niños del pueblo. Este año, se había preparado una historia especial sobre la llegada del Niño Dios, y todos estaban emocionados. Pero Benito no podía dejar de pensar en la deliciosa comida que se serviría después.

La noche de la Pastorela llegó, y el pueblo estaba lleno de risas y cantos. Benito decidió que era el momento perfecto para hacer su movimiento. Mientras los niños se preparaban para la función, él se escabulló por los bancos, buscando un bocado. Pero, en su apuro, tropezó con un candelabro y provocó un gran estruendo.

"¡Ay, quién ha hecho ese ruido!" gritó una de las mamás en el escenario.

Benito, asustado, intentó esconderse, pero justo en ese momento, un niño llamado Juanito, que estaba disfrazado de pastor, lo vio y gritó: "¡Un ratón! ¡Un ratón en la iglesia!"

Los niños comenzaron a correr y gritar, y Benito, en un intento de escapar, se encontró en el escenario. "¡Ay, qué lío he causado!" pensó Benito, mirando a su alrededor mientras todos lo señalaban. Pero antes de que pudiera pensar en un plan, Juanito se le acercó y, en lugar de asustarse, le dijo: "¡Tú podrías ser parte de la obra!"

"¿Yo? ¿En serio?" preguntó Benito, atónito.

"Claro, puedes ser el ratón que ayuda a los pastores en el camino," sugirió Juanito, sonriendo. Benito, aunque un poco nervioso, decidió aceptar la propuesta. Después de todo, era una oportunidad de participar en la Pastorela y no solo ver cómo se celebraba.

Así, Benito se unió a la obra. Se movía por el escenario con gracia, haciendo reír a todos los que lo veían. Cada vez que pasaba por los pastores, hacía un pequeño baile y robaba un bocado de comida imaginaria. La gente en la audiencia se moría de risa y, poco a poco, Benito se dio cuenta de que no solo estaba entreteniendo a todos, sino que también se sentía parte de algo especial.

Al finalizar la obra, todos aplaudieron a Benito, quien se sentía más feliz que nunca. "No ha sido tan malo ser un ratón en el escenario," pensó.

Cuando terminó la función, el pueblo se reunió para disfrutar de la cena navideña. Benito, desde su escondite en el altar, observó cómo todos compartían la comida, riendo y hablando entre sí. Pero en lugar de escabullirse para robar un bocado, se sintió inspirado por la generosidad de los villageros.

En un acto de valentía, decidió salir de su escondite. Se acercó a la mesa de la cena y, con un pequeño chirrido, se presentó ante todos. "¡Hola! Soy Benito, el ratón del muérdago, y hoy quiero compartir con ustedes una parte de mi corazón."

Los aldeanos miraron al pequeño ratón, y en lugar de asustarse, comenzaron a reír. "¡Qué valiente eres, Benito!" dijo una abuela. "¡Únete a nosotros y prueba un poco de nuestra comida!"

Benito, emocionado, se unió a la celebración. Los villageros compartieron su comida con él, y él compartió historias de sus travesuras en la iglesia. En ese momento, Benito aprendió que la verdadera alegría de la Navidad no estaba solo en la comida, sino en la bondad y el compartir con los demás.

Esa noche, mientras todos reían y celebraban, Benito se sintió más feliz que nunca. Desde entonces, cada año, el pequeño ratón del muérdago se unía a la Pastorela y la celebración navideña, recordando siempre que la magia de la Navidad se encuentra en la generosidad, la amistad y el amor.

The Mistletoe Mouse

In a small Mexican village, inside the church, lived a clever and playful mouse named Benito. Benito was no ordinary mouse; he was an expert at sneaking around the tables during the Christmas festivities to steal a bit of food. The villagers would hold grand banquets to celebrate, and Benito was always ready to indulge in a feast.

Each year, the church filled with joy and bright lights, and Benito eagerly awaited the Pastorela, the famous Christmas play performed by the village children. This year, a special story about the arrival of the Baby Jesus had been prepared, and everyone was excited. But Benito couldn't stop thinking about the delicious food that would be served afterward.

The night of the Pastorela arrived, and the village was filled with laughter and songs. Benito decided it was the perfect time to make his move. As the children prepared for the performance, he sneaked through the pews, searching for a snack. But in his haste, he tripped over a candlestick and caused a great commotion.

"Ow! Who made that noise?" shouted one of the mothers on stage.

Startled, Benito tried to hide, but just then, a boy named Juanito, dressed as a shepherd, spotted him and shouted, "A mouse! A mouse in the church!"

The children began to run and scream, and in an attempt to escape, Benito found himself on stage. "Oh, what a mess I've caused!" thought Benito, looking around as everyone pointed at him. But before he could come up with a plan, Juanito approached him and, instead of being scared, said, "You could be part of the play!"

"Me? Really?" Benito asked, astonished.

"Of course! You can be the mouse who helps the shepherds on their way," suggested Juanito, smiling. Although a little nervous, Benito decided to accept the offer. After all, it was a chance to participate in the Pastorela instead of just watching the celebration.

So, Benito joined the play. He moved across the stage with grace, making everyone laugh. Every time he passed the shepherds, he did a little dance and stole an imaginary bite of food. The audience roared with laughter, and little by little, Benito realized that he wasn't just entertaining everyone; he was also feeling part of something special.

At the end of the play, everyone applauded Benito, who felt happier than ever. "Being a mouse on stage isn't so bad," he thought.

When the performance ended, the villagers gathered to enjoy the Christmas dinner. From his hiding spot on the altar, Benito watched as everyone shared food, laughing and talking together. But instead of sneaking off to steal a bite, he felt inspired by the villagers' generosity.

In an act of bravery, he decided to come out of hiding. He approached the dinner table and, with a little squeak, introduced himself. "Hello! I'm Benito, the mistletoe mouse, and today I want to share a piece of my heart with you."

The villagers looked at the little mouse, and instead of being frightened, they began to laugh. "You're so brave, Benito!" said an elderly woman. "Join us and try some of our food!"

Benito, thrilled, joined the celebration. The villagers shared their food with him, and he shared stories of his antics in the church. In that moment, Benito learned that the true joy of Christmas wasn't just about the food, but about kindness and sharing with others.

That night, as everyone laughed and celebrated, Benito felt happier than ever. From then on, each year, the little mistletoe mouse joined the Pastorela and the Christmas celebration, always remembering that the magic of Christmas lies in generosity, friendship, and love.

Las Campanas de Navidad

En un pequeño pueblo mexicano, donde el sol brillaba cálido y el aire olía a canela y chocolate caliente, vivían dos hermanos, Diego y Marisol. Cada año, en la mañana de Navidad, las campanas de la iglesia sonaban con alegría, llenando el aire de una música mágica que anunciaba la llegada de la festividad. Para los niños del pueblo, el sonido de las campanas era el símbolo de la esperanza y la felicidad.

Sin embargo, este año era diferente. Cuando Diego y Marisol despertaron en la mañana de Navidad, se dieron cuenta de que no había campanas sonando. Miraron por la ventana y vieron que el campanero, don Felipe, no estaba. Se había ido de viaje para pasar las fiestas con su familia, y nadie sabía cómo hacer que las campanas sonaran.

"¿Qué haremos?" preguntó Marisol, frunciendo el ceño. "Sin las campanas, no será una verdadera Navidad."

"Debemos hacer algo," dijo Diego, decidido. "No podemos dejar que esta tradición se pierda. ¡Debemos tocar las campanas nosotros mismos!"

Marisol sonrió, sintiendo la emoción de la aventura. "¡Sí! ¡Eso haría que nuestra Navidad fuera especial!"

Los dos hermanos se pusieron en marcha hacia la iglesia. Al llegar, se dieron cuenta de que las campanas eran mucho más grandes de lo que habían imaginado. Miraron a su alrededor y vieron una cuerda que colgaba de la campana más grande. Diego, con su determinación, decidió que debía intentar alcanzarla.

"Yo puedo intentar trepar," dijo Diego, observando el gran campanario. Marisol lo animó, "¡Vamos, tú puedes hacerlo!"

Con gran esfuerzo, Diego se trepó a la estructura de la iglesia. Marisol lo observaba desde abajo, sosteniendo su aliento. Finalmente, Diego llegó a la cuerda. Con un gran tirón, hizo que la campana sonara, pero no era un sonido claro; sonó más como un '¡clong!' que un hermoso '¡ding dong!'.

"¡Vamos, Diego! ¡Hazlo de nuevo!" gritó Marisol, llena de emoción.

Diego tomó aire y, con todas sus fuerzas, jaló la cuerda una vez más. Esta vez, el sonido fue más fuerte y resonó en todo el pueblo. Marisol saltó de alegría. "¡Lo lograste!"

Pero Diego no se detuvo ahí. "Necesitamos que suene aún más fuerte. ¡Vamos a hacerlo juntos!"

Marisol, con todas sus fuerzas, se unió a Diego y, juntos, comenzaron a jalar la cuerda de la campana. El sonido de las campanas llenó el aire, resonando en cada rincón del pueblo. Las casas se iluminaron con luces y la gente comenzó a salir, preguntándose de dónde venía ese hermoso sonido.

Los aldeanos, al ver a Diego y Marisol, se unieron a la celebración. Algunos comenzaron a cantar villancicos, mientras otros aplaudían al ritmo de las campanas. La alegría se propagó por todo el pueblo, y pronto, todos estaban en la plaza, disfrutando del momento.

"¡Qué hermosa Navidad!" exclamó un anciano, sonriendo.

Las campanas sonaron más y más, llenando el pueblo de risas y amor. Diego y Marisol se miraron con orgullo. Habían logrado mantener viva la tradición y, al hacerlo, habían unido a la comunidad en una celebración inolvidable.

Cuando la última campanada sonó, los hermanos se abrazaron, sabiendo que este sería un recuerdo que atesorarían por siempre. Habían aprendido que, a veces, es necesario un poco de determinación y valentía para mantener vivas las tradiciones y crear magia en la Navidad.

The Christmas Bells

In a small Mexican village, where the sun shone warmly and the air smelled of cinnamon and hot chocolate, lived two siblings, Diego and Marisol. Every year, on Christmas morning, the church bells rang joyfully, filling the air with magical music that announced the arrival of the festivities. For the children of the village, the sound of the bells was a symbol of hope and happiness.

However, this year was different. When Diego and Marisol woke up on Christmas morning, they realized that there were no bells ringing. They looked out the window and saw that the bell ringer, Don Felipe, was not there. He had gone on a trip to spend the holidays with his family, and no one knew how to make the bells ring.

"What are we going to do?" asked Marisol, frowning. "Without the bells, it won't be a real Christmas."

"We have to do something," Diego said, determined. "We can't let this tradition fade away. We must ring the bells ourselves!"

Marisol smiled, feeling the excitement of the adventure. "Yes! That would make our Christmas special!"

The two siblings set off for the church. When they arrived, they realized that the bells were much bigger than they had imagined. They looked around and saw a rope hanging from the largest bell. With his determination, Diego decided he had to try to reach it.

"I can try to climb," Diego said, gazing at the tall bell tower. Marisol cheered him on, "Come on, you can do it!"

With great effort, Diego climbed up the structure of the church. Marisol watched from below, holding her breath. Finally, Diego reached the rope. With a strong pull, he made the bell sound, but it wasn't a clear tone; it sounded more like a 'clong!' than a beautiful 'ding dong!'

"Go, Diego! Do it again!" Marisol shouted, full of excitement.

Diego took a deep breath and, with all his strength, pulled the rope once more. This time, the sound was louder and echoed throughout the village. Marisol jumped for joy. "You did it!"

But Diego didn't stop there. "We need it to ring even louder. Let's do it together!"

Marisol, using all her might, joined Diego, and together they began to pull the bell rope. The sound of the bells filled the air, resonating in every corner of the village. The houses lit up with lights, and people began to come outside, wondering where that beautiful sound was coming from.

When the villagers saw Diego and Marisol, they joined in the celebration. Some began to sing carols, while others clapped along with the rhythm of the bells. Joy spread throughout the village, and soon everyone was in the plaza, enjoying the moment.

"What a beautiful Christmas!" exclaimed an elderly man, smiling.

The bells rang louder and louder, filling the village with laughter and love. Diego and Marisol looked at each other with pride. They had managed to keep the tradition alive, and in doing so, had brought the community together for an unforgettable celebration.

When the last bell chimed, the siblings hugged, knowing this would be a memory they would cherish forever. They had learned that sometimes, a little determination and bravery are needed to keep traditions alive and create magic at Christmas.

El Niño y la Estrella

Era la noche de Navidad en un pequeño pueblo mexicano, y el aire estaba lleno de alegría y luces parpadeantes. Sin embargo, para un niño llamado Jorge, la Navidad no era solo una celebración; era un recordatorio de lo que le faltaba. Cada año, Jorge miraba al cielo estrellado y hacía un deseo en la primera estrella que aparecía.

"Quisiera que mi familia estuviera junta de nuevo," susurraba Jorge, cerrando los ojos con fuerza. Había pasado mucho tiempo desde que su papá había tenido que irse a trabajar a otro lugar, y aunque su mamá hacía todo lo posible para que la Navidad fuera especial, él sentía un vacío en su corazón.

Esa noche, mientras Jorge observaba la estrella más brillante en el cielo, algo mágico sucedió. La estrella comenzó a brillar aún más intensamente y, de repente, una luz deslumbrante lo envolvió. Jorge sintió que flotaba y, en un abrir y cerrar de ojos, se encontró volando hacia el cielo, acompañado por la estrella.

"Hola, Jorge," dijo la estrella con una voz suave y melodiosa. "Soy Estrella, y he escuchado tu deseo. Vamos a emprender un viaje juntos."

Jorge, asombrado, sonrió mientras la estrella lo guiaba a través del cielo nocturno. Pasaron por nubes suaves y vieron el mundo iluminado por la luna. "¿A dónde vamos?" preguntó Jorge.

"Te llevaré a ver a las personas que amas, a quienes a menudo extrañas," respondió Estrella. "Pero primero, necesitamos que aprendas a ver la belleza que te rodea."

De repente, Jorge se encontró en el corazón del pueblo, rodeado de luces de colores y risas. Vio a su mamá adornando un pequeño árbol de Navidad con cariño. "Mira cómo se esfuerza por hacer de este un día especial," le dijo Estrella. Jorge se dio cuenta de cuánto amaba a su mamá y lo mucho que hacía por ellos.

Luego, la estrella lo llevó a la casa de su abuela, donde la familia se reunía. Allí escuchó el sonido de las risas y las historias que compartían alrededor de la mesa. "No has perdido a tu familia, Jorge," le recordó Estrella. "Ellos siempre están contigo, incluso si no están físicamente presentes."

Mientras observaba, Jorge sintió un profundo amor y gratitud por las personas que tenía a su alrededor. Comprendió que cada momento que pasaba con su mamá y sus seres queridos era un regalo valioso, y que, aunque su papá estuviera lejos, el amor seguía siendo fuerte.

"Gracias, Estrella," dijo Jorge, sintiéndose más ligero y feliz. "He aprendido a apreciar lo que tengo."

La estrella sonrió. "La verdadera magia de la Navidad está en la gratitud y la unidad. Cuando atesoras a tu familia, la Navidad siempre estará en tu corazón, sin importar la distancia."

Justo en ese momento, Jorge sintió que estaba volviendo a casa. Se despertó en su cama, la luz de la estrella aún brillando en su ventana. Se levantó y corrió a la sala, donde su mamá estaba colocando las últimas decoraciones.

"Mamá," dijo Jorge, abrazándola fuertemente, "te agradezco por todo lo que haces. Estoy feliz de estar contigo esta Navidad."

Su mamá sonrió, sorprendida y emocionada. "Yo también estoy feliz de tenerte, mi amor."

Esa noche, Jorge aprendió que, aunque deseaba que su familia estuviera junta, ya tenía un hermoso regalo: el amor que compartían. La estrella lo había guiado a un nuevo entendimiento, y con una sonrisa en su rostro, miró hacia el cielo, sintiéndose agradecido por cada estrella brillante que iluminaba su camino.

Desde ese día, cada Navidad, Jorge miraba las estrellas con un corazón lleno de gratitud, recordando que la verdadera esencia de la Navidad estaba en la familia y en el amor que siempre lo rodeaba.

The Boy and the Star

It was Christmas Eve in a small Mexican village, and the air was filled with joy and twinkling lights. However, for a boy named Jorge, Christmas was not just a celebration; it was a reminder of what he was missing. Every year, Jorge looked up at the starry sky and made a wish on the first star that appeared.

"I wish my family could be together again," Jorge whispered, squeezing his eyes shut tightly. It had been a long time since his dad had to leave for work far away, and although his mom did everything she could to make Christmas special, he felt an emptiness in his heart.

That night, as Jorge gazed at the brightest star in the sky, something magical happened. The star began to shine even more brightly, and suddenly, a dazzling light enveloped him. Jorge felt himself floating, and in the blink of an eye, he found himself flying up into the sky, accompanied by the star.

"Hello, Jorge," said the star in a soft, melodic voice. "I'm Star, and I have heard your wish. Let's embark on a journey together."

Jorge, amazed, smiled as the star guided him through the night sky. They passed through soft clouds and saw the world illuminated by the moon. "Where are we going?" Jorge asked.

"I will take you to see the people you love, whom you often miss," replied Star. "But first, we need to help you learn to see the beauty around you."

Suddenly, Jorge found himself in the heart of the village, surrounded by colorful lights and laughter. He saw his mom lovingly decorating a small Christmas tree. "Look at how she is working hard to make this a special day," Star told him. Jorge realized how much he loved his mom and how much she did for them.

Then, the star took him to his grandmother's house, where the family was gathering. There, he heard the sound of laughter and the stories they shared around the table. "You haven't lost your family, Jorge," Star reminded him. "They are always with you, even if they are not physically present."

As he watched, Jorge felt a deep love and gratitude for the people around him. He understood that every moment spent with his mom and loved ones was a precious gift, and that even though his dad was far away, the love remained strong.

"Thank you, Star," Jorge said, feeling lighter and happier. "I have learned to appreciate what I have."

The star smiled. "The true magic of Christmas lies in gratitude and togetherness. When you cherish your family, Christmas will always be in your heart, no matter the distance."

Just then, Jorge felt himself returning home. He awoke in his bed, the light of the star still shining in his window. He got up and ran to the living room, where his mom was putting up the final decorations.

"Mom," Jorge said, hugging her tightly, "thank you for everything you do. I'm so happy to be with you this Christmas."

His mom smiled, surprised and emotional. "I'm happy to have you too, my love."

That night, Jorge learned that although he wished for his family to be together, he already had a beautiful gift: the love they shared. The star had guided him to a new understanding, and with a smile on his face, he looked up at the sky, feeling grateful for every shining star lighting his way.

From that day on, every Christmas, Jorge looked at the stars with a heart full of gratitude, remembering that the true essence of Christmas lay in family and the love that always surrounded him.

Luz y el Festival de las Posadas

Era el 16 de diciembre, y la emoción de la Navidad llenaba el aire en el pequeño pueblo de Luz. Desde que era muy pequeña, le había encantado la Navidad más que cualquier otra cosa. Este año, decidió que era el momento de hacer algo especial: ¡organizar la celebración de Las Posadas de su familia!

Al despertar esa mañana, Luz saltó de la cama con una gran sonrisa. Corrió hacia la cocina, donde su mamá preparaba el desayuno.

"¡Mamá!" exclamó. "Este año quiero organizar la Posada. ¡Va a ser increíble!"

Su mamá, un poco sorprendida, sonrió y le dijo:

"Claro, Luz. Pero necesitarás ayuda para hacerlo."

Luz pensó en sus amigos. Así que se fue a buscar a Diego y a Camila, quienes siempre estaban listos para una aventura.

Diego era un artista talentoso, conocido por sus pinturas coloridas, y Camila era una increíble repostera que podía hacer los mejores postres del pueblo. Cuando Luz les contó su idea, ambos se emocionaron.

"¡Claro que sí!" gritó Diego. "¡Haremos las mejores piñatas!"

"Y yo prepararé los tamales," dijo Camila, frotándose las manos. "¡Serán deliciosos!"

Los tres amigos comenzaron a trabajar. Luz dibujó un enorme piñata en forma de estrella, mientras Diego le daba vida con colores brillantes. Camila se dedicó a hacer masa para los tamales, mezclando ingredientes con esmero. Pero, mientras preparaban todo, algunas cosas no salieron como esperaban.

El día de la primera Posada llegó, y Luz estaba muy emocionada. Pero al ver el resultado final, ¡no pudo evitar reírse! La piñata de Diego parecía un cactus torcido, y los tamales de Camila eran tan picantes que casi les hacían llorar.

"¡Esto es un desastre!" exclamó Luz, entre risas. "Pero, ¿saben qué? No importa."

A medida que la noche caía, los vecinos comenzaron a llegar. Aunque la piñata era graciosa y los tamales eran picantes, todos compartieron risas y buenos momentos. La gente se reunió para cantar villancicos y contar historias sobre la Navidad.

Luz miró a su alrededor y se dio cuenta de que la verdadera magia de la Navidad no era solo la comida o las decoraciones, sino los momentos que compartía con su familia y amigos. A veces, lo imperfecto se convertía en lo más especial.

Finalmente, llegó el momento de romper la piñata. Los niños, con los ojos brillantes de emoción, se turnaron para intentar golpearla. Con un gran golpe, la piñata estalló, dejando caer dulces y juguetes por todas partes. Todos rieron y corrieron a recoger lo que podían.

La Posada terminó con una mezcla de risas, canciones y abrazos. Luz sintió que su corazón estaba lleno de alegría.

"Gracias, amigos," dijo, mirando a Diego y Camila. "Este ha sido el mejor inicio de la Navidad."

Y así, Luz aprendió que la verdadera esencia de las Posadas era la unión de la comunidad, el amor y la alegría compartida, que siempre perdura en el corazón, sin importar lo torcido de una piñata o lo picantes de unos tamales.

Luz and the Festival of Las Posadas

It was December 16, and the excitement of Christmas filled the air in Luz's small town. Ever since she was little, she had loved Christmas more than anything else. This year, she decided it was time to do something special: to organize her family's celebration of Las Posadas!

When she woke up that morning, Luz jumped out of bed with a big smile. She ran to the kitchen, where her mom was preparing breakfast.

"Mom!" she exclaimed. "This year I want to organize the Posada. It's going to be amazing!"

Her mom, a little surprised, smiled and said, "Of course, Luz. But you'll need help to do it."

Luz thought of her friends. So she went to find Diego and Camila, who were always ready for an adventure.

Diego was a talented artist, known for his colorful paintings, and Camila was an incredible baker who could make the best desserts in town. When Luz shared her idea with them, they both got excited.

"Absolutely!" Diego shouted. "We'll make the best piñatas!"

"And I'll prepare the tamales," Camila said, rubbing her hands together. "They'll be delicious!"

The three friends got to work. Luz drew a huge star-shaped piñata while Diego brought it to life with bright colors. Camila focused on making the dough for the tamales, mixing ingredients carefully. But as they prepared everything, some things didn't turn out as they had hoped.

The day of the first Posada arrived, and Luz was very excited. But when she saw the final results, she couldn't help but laugh! Diego's piñata looked like a lopsided cactus, and Camila's tamales were so spicy they almost made them cry.

"This is a disaster!" Luz exclaimed, laughing. "But you know what? It doesn't matter."

As night fell, the neighbors began to arrive. Even though the piñata was funny and the tamales were spicy, everyone shared laughter and good times. People gathered to sing carols and tell stories about Christmas.

Luz looked around and realized that the true magic of Christmas wasn't just about the food or the decorations, but the moments she shared with her family and friends. Sometimes, the imperfect things became the most special.

Finally, it was time to break the piñata. The children, with bright eyes filled with excitement, took turns trying to hit it. With a big swing, the piñata burst open, showering everyone with candy and toys. Everyone laughed and ran to gather what they could.

The Posada ended with a mix of laughter, songs, and hugs. Luz felt her heart filled with joy.

"Thank you, friends," she said, looking at Diego and Camila. "This has been the best start to Christmas."

And so, Luz learned that the true essence of Las Posadas was the unity of the community, the love, and the shared joy that always lingers in the heart, regardless of how lopsided a piñata is or how spicy the tamales may be.

La Gran Carrera de Los Reyes

Era un brillante día en un pequeño pueblo de México, donde las luces y adornos navideños llenaban las calles con alegría. Los niños estaban emocionados porque pronto llegarían los Reyes Magos para la celebración del Día de Reyes. Entre ellos, había tres amigos inseparables: Sofía, Javier y Lucía.

Sofía, una niña llena de imaginación, soñaba con aventuras. Javier, el más competitivo del grupo, siempre buscaba la manera de ganar, mientras que Lucía, con su corazón bondadoso, creía firmemente en el espíritu de dar.

Un día, mientras jugaban en la plaza, escucharon a los adultos hablar sobre la llegada de los Reyes y la tradición de llevarles regalos. "¡Ya sé! ¡Podríamos hacer una carrera para ver quién puede recoger los mejores regalos para los Reyes!" exclamó Javier, con una chispa de emoción en sus ojos. Sofía y Lucía sonrieron, sabiendo que esto sería una aventura inolvidable.

Los niños se dividieron en equipos y comenzaron su búsqueda. Se propusieron encontrar los regalos más únicos para impresionar a los Reyes. Durante su aventura, se encontraron con varios personajes del pueblo que compartieron sus propias tradiciones navideñas.

Primero, se encontraron con Don Felipe, el anciano sabio del pueblo, que les contó historias sobre los Reyes y su importancia en la Navidad. "Recuerden, niños, que lo más valioso no siempre es lo más ostentoso," les advirtió. Mientras tanto, Javier intentaba superar a todos con sus trucos astutos, pero Sofía y Lucía encontraban soluciones creativas para recolectar regalos.

Mientras recorrían el pueblo, se toparon con Abuela Rosa, quien estaba horneando una deliciosa Rosca de Reyes. "¡Hola, niños! ¿Qué los trae por aquí?" preguntó, sonriendo. Les ofreció un pedazo de su rosca y les contó cómo cada figura en la rosca representa la alegría de la comunidad y el compartir en familia. "¡No olviden que dar es tan importante como recibir!" les dijo mientras ellos disfrutaban de su dulce regalo.

A medida que avanzaba la carrera, Sofía, Javier y Lucía comenzaron a darse cuenta de que los mejores regalos no eran los más caros o elaborados, sino aquellos que estaban llenos de amor y pensamientos. Así que decidieron trabajar juntos. "¡Hagamos un regalo que combine nuestras ideas!" sugirió Sofía.

Con su esfuerzo conjunto, crearon un hermoso mural de papel que representaba la alegría de su amistad y su comunidad, adornado con dibujos de los Reyes y símbolos de la Navidad.

El Día de Reyes llegó, y los niños presentaron su regalo a los Reyes Magos en la plaza del pueblo. Los Reyes, impresionados por su esfuerzo y la unión que mostraron, no solo les dieron premios, sino que también compartieron con ellos un momento maravilloso de camaradería.

Al final del día, todos se reunieron para una gran fiesta. Los niños, junto con los habitantes del pueblo, compartieron historias y dulces, celebrando el verdadero espíritu de la comunidad y el amor. Sofía, Javier y Lucía se dieron cuenta de que el mejor regalo de todos era la amistad y la alegría de estar juntos.

Y así, el pueblo vibró con risas y felicidad, recordando que en la Navidad, lo que realmente importa es compartir y cuidar de los demás.

The Great Kings' Race

It was a bright day in a small town in Mexico, where Christmas lights and decorations filled the streets with joy. The children were excited because the Three Kings were soon coming for the celebration of Día de Reyes. Among them were three inseparable friends: Sofía, Javier, and Lucía.

Sofía, a girl full of imagination, dreamed of adventures. Javier, the most competitive of the group, was always looking for ways to win, while Lucía, with her kind heart, firmly believed in the spirit of giving.

One day, while they were playing in the plaza, they overheard the adults talking about the arrival of the Kings and the tradition of bringing them gifts. "I know! We could have a race to see who can collect the best gifts for the Kings!" exclaimed Javier, with a spark of excitement in his eyes. Sofía and Lucía smiled, knowing this would be an unforgettable adventure.

The children split into teams and began their quest. They set out to find the most unique gifts to impress the Kings. During their adventure, they encountered several village characters who shared their own Christmas traditions.

First, they met Don Felipe, the wise old man of the village, who told them stories about the Kings and their importance during Christmas. "Remember, children, that the most valuable gifts are not always the most extravagant," he warned them. Meanwhile,

Javier tried to outsmart everyone with his clever tricks, but Sofía and Lucía found creative solutions to gather gifts.

As they roamed the village, they came across Abuela Rosa, who was baking a delicious Rosca de Reyes. "Hello, children! What brings you here?" she asked with a smile. She offered them a piece of her bread and shared how each figure in the Rosca represents the joy of community and sharing within a family. "Don't forget that giving is just as important as receiving!" she told them as they enjoyed her sweet gift.

As the race progressed, Sofía, Javier, and Lucía began to realize that the best gifts were not the most expensive or elaborate but those filled with love and thoughtfulness. So, they decided to work together. "Let's make a gift that combines our ideas!" suggested Sofía.

With their combined efforts, they created a beautiful paper mural that represented the joy of their friendship and community, adorned with drawings of the Kings and symbols of Christmas.

Día de Reyes arrived, and the children presented their gift to the Kings in the town plaza. The Kings, impressed by their effort and the unity they displayed, not only rewarded them with prizes but also shared a wonderful moment of camaraderie.

At the end of the day, everyone gathered for a grand feast. The children, along with the townsfolk, shared stories and treats, celebrating the true spirit of community and love. Sofía, Javier, and Lucía realized that the greatest gift of all was friendship and the joy of being together.

And so, the town buzzed with laughter and happiness, remembering that at Christmas, what truly matters is sharing and caring for one another.

La Estrella de Esperanza

Era una noche estrellada en un pequeño pueblo mexicano, decorado con coloridos papel picado y luces que danzaban al ritmo de la brisa. La atmósfera estaba llena de alegría, risas y el aroma de tamales y ponche que se preparaban para la celebración de la Navidad. Sin embargo, en una casita modesta, la joven Sofía, una niña de diez años, observaba con melancolía la alegría que la rodeaba. Su familia había caído en tiempos difíciles, y este año no podían permitirse las celebraciones habituales. A pesar de su tristeza, Sofía mantenía la esperanza en su corazón.

Una noche, mientras contemplaba el cielo estrellado desde su ventana, Sofía notó una estrella única que brillaba más intensamente que las demás. Esta estrella la cautivó y llenó su corazón de asombro. "¡Debe tener un mensaje especial!" pensó. Sofía decidió que debía aprender más sobre esta estrella mágica.

Al día siguiente, Sofía buscó la sabiduría de su abuela, quien siempre le contaba historias fascinantes. "Abuela, vi una estrella que brilla con mucha fuerza. ¿Qué significa?" preguntó Sofía. Su abuela sonrió y le dijo: "Se dice que una estrella mágica guía a quienes están en necesidad y representa la esperanza. Si quieres, puedes descubrir su significado ayudando a otros." Inspirada por la historia de su abuela, Sofía emprendió una búsqueda para compartir la magia de la estrella con su familia y su comunidad. Visitó a los ancianos del pueblo, ayudando a sus vecinos con los preparativos navideños, llevando alegría a donde quiera que iba.

Mientras Sofía ayudaba a los demás, comenzó a experimentar pequeños milagros: la risa de un niño, la sonrisa de un vecino y la amabilidad inesperada de extraños. Todo mientras la estrella brillaba intensamente en el cielo. Cada acto de bondad que realizaba hacía que la estrella resplandeciera aún más.

La Nochebuena llegó, y Sofía reunió a los aldeanos para celebrar. "¡Vengan a compartir historias, música y comida!" los invitó, sugiriendo que todos miraran a la estrella en busca de inspiración y esperanza. Mientras celebraban, los aldeanos se unieron para crear un hermoso nacimientos, simbolizando su unidad y amor compartido.

De repente, un viento fuerte sopló por el pueblo, y la estrella comenzó a brillar aún más, proyectando un cálido resplandor sobre todos. Sofía se dio cuenta de que la estrella representaba su esperanza y bondad colectivas. Los aldeanos tomaron de las manos y, juntos, hicieron un deseo de paz y felicidad.

Mientras hacían su deseo, la estrella envió luces centelleantes que llovieron sobre el pueblo, iluminando sus corazones y hogares. A la mañana siguiente, los aldeanos se despertaron para encontrar regalos y comida en sus puertas, una misteriosa bendición de la estrella en la que habían deseado. Sofía comprendió que el verdadero espíritu de la Navidad reside en el amor, la comunidad y la esperanza, y la estrella se convirtió en un símbolo duradero de su unidad.

El pueblo celebró la Navidad como nunca antes, lleno de alegría y gratitud por el uno al otro y por la magia de la estrella. Sofía aprendió que incluso en tiempos difíciles, el poder de la esperanza y la bondad puede iluminar las noches más oscuras.

Y así, la Estrella de Esperanza brilló en el cielo, recordando a todos que la verdadera magia de la Navidad se encuentra en los corazones de aquellos que se aman.

The Star of Hope

It was a starry night in a small Mexican village, adorned with colorful papel picado and lights dancing to the rhythm of the breeze. The atmosphere was filled with joy, laughter, and the aroma of tamales and ponche being prepared for the Christmas celebration. However, in a modest little house, a young girl named Sofía, just ten years old, watched with melancholy at the joy surrounding her. Her family had fallen on hard times, and this year they could not afford the usual celebrations. Despite her sadness, Sofía kept hope alive in her heart.

One night, while gazing at the starry sky from her window, Sofía noticed a unique star shining brighter than all the others. This star captivated her and filled her heart with wonder. "It must have a special message!" she thought. Sofía decided that she needed to learn more about this magical star.

The next day, Sofía sought the wisdom of her grandmother, who always told her fascinating stories. "Grandma, I saw a star shining very brightly. What does it mean?" Sofía asked. Her grandmother smiled and said, "They say a magical star guides those in need and represents hope. If you want, you can discover its meaning by helping others." Inspired by her grandmother's story, Sofía embarked on a quest to share the star's magic with her family and community. She visited the elders in the village, helping her neighbors with their Christmas preparations, bringing joy wherever she went.

As Sofía helped others, she began to experience small miracles: the laughter of a child, the smile of a neighbor, and unexpected kindness from strangers, all while the star shone brightly in the sky. Each act of kindness she performed made the star glow even more.

Christmas Eve arrived, and Sofía gathered the villagers to celebrate. "Come and share stories, music, and food!" she invited them, suggesting that everyone look to the star for inspiration and hope. As they celebrated, the villagers came together to create a beautiful nativity scene, symbolizing their unity and shared love.

Suddenly, a strong wind blew through the village, and the star began to shine even brighter, casting a warm glow over everyone. Sofía realized that the star represented their collective hope and kindness. The villagers took each other's hands and together made a wish for peace and happiness.

As they made their wish, the star sent down sparkling lights that showered over the village, illuminating their hearts and homes. The next morning, the villagers awoke to find gifts and food at their doorsteps, a mysterious blessing from the star they had wished upon. Sofía understood that the true spirit of Christmas lies in love, community, and hope, and the star became a lasting symbol of their unity.

The village celebrated Christmas like never before, filled with joy and gratitude for one another and the magic of the star. Sofía learned that even in tough times, the power of hope and kindness can light up the darkest nights.

And so, the Star of Hope shone in the sky, reminding everyone that the true magic of Christmas is found in the hearts of those who love each other.

Milton Keynes UK
Ingram Content Group UK Ltd.
UKHW022051111124
451035UK00014B/1053